Michael Davies

DEN ROMERSKA MÄSSAN - EN KORTFATTAD HISTORIK

Svenska Katolska Akademiens Handlingar nr 9

Acta Academiae Catholicae Suecanae IX

MICHAEL DAVIES

DEN ROMERSKA MÄSSAN - EN KORTFATTAD HISTORIK

översättning från engelskan
av Marcus Urbanski

SVENSKA KATOLSKA AKADEMIEN
— Academia Catholica Suecana —

Denna översättning har tidigare publicerats i *Skandinavisk Katolsk Tidskrift,* Nummer 1-2, 2014, ss. 317-351. Några smärre rättelser har införts i texten.

© Michael Davies' efterlevande, Marcus Urbanski, 2015

Förlag och tryck: BoD, Stockholm
ISBN: 978-91-7463-664-2

Innehållsförteckning

"Från solens uppgång ända till dess nedgång skall mitt
namn vara stort bland folken, ty överallt skall åt mitt namn
offras och frambäras ett rent spisoffer, ty mitt namn är stort
bland folken, säger Herren Sebaot."

Malaki 1:11

"Så vår mässa går tillbaka, utan väsentlig förändring, till den
epok då den växte fram ur den allra äldsta liturgin. Den an-
das fortfarande denna gamla liturgi från den tid då kejsaren
härskade över världen och trodde sig kunna utrota tron på
Kristus, när våra fäder träffades strax före gryningen och
sjöng en hymn till Kristus som till en Gud. Slutsatsen av vår
undersökning är att det - trots obesvarade frågor, trots sena-
re förändringar - i kristenheten inte finns en annan rit lika
vördnadsvärd som vår."

Fader Adrian Fortescue, The Mass: A Study of the Roman
Liturgy, 1912, s. 213.

"Från ungefär tiden för påven S:t Gregorius den store [†
604] har vi mässtexten, dess ordning och struktur som en
helig tradition, vilken ingen har dristat sig röra bortsett från
oväsentliga detaljer."

Fader Adrian Fortescue, The Mass: A Study of the Roman
Liturgy, 1912, s. 173.

Författarens anmärkning

Denna kortfattade genomgång av den romerska mässans
historia utgörs huvudsakligen av en sammanställning av
material från fader Adrian Fortescues klassiker *The Mass: A
Study of the Roman Liturgy* (London: Longmans, 1912).
Även om vissa viktiga ställen refereras, går min skuld till
denne store präst och forskare faktiskt långt utöver dessa.
Jag vill härmed skänka dagens läsare några av frukterna av
fader Fortescues bok, en gång ur tryck och nu på nytt utgi-
ven av *Preserving Christian Publications*. Jag hoppas också
inom en snar framtid att få publicera en omfattande sam-
manställning av fader Fortescues skrifter om mässan.

Den första källan till mässans historia är naturligtvis redo-
görelsen för den sista nattvarden i Nya testamentet. Det är
på vår Herres befallning att göra det som Han hade gjort
som kristna liturgier existerar. Oavsett i vilka avseenden det
finns skillnader mellan de olika eukaristiska liturgierna, så
lyder de alla Hans befallning att göra "detta", dvs. det Han
själv gjorde. Ett definitivt mönster för det eukaristiska firan-
det framträdde inom årtionden efter vår Herres död, ett
mönster som traderades fram till efter det första århundra-
dets slut och som fortfarande kan urskiljas tydligt i den slut-
giltiga romerska mässan av år 1570.

Den tidiga katolska liturgin

Den tidigaste och mest detaljerade redogörelsen för eukaris-
tin finns i aposteln Pauli första brev till församlingen i
Korinth, som naturligtvis är äldre än evangelierna, och
skrevs i Efesos någon gång mellan år 52 och 55. Forskarna

är överens om att konsekrationsformeln, som används av aposteln Paulus i Första korintierbrevet, kapitel 11, ord för ord citerar en fastslagen formel som redan användes i den apostoliska liturgin. Aposteln Pauli redogörelse lyder:

"Ty jag har mottagit af Herren, hvad jag också har meddelat eder, att Herren Jesus i den natt, då han förråddes, tog bröd och tackade och bröt det och sade: Tagen och äten; detta är min lekamen, som skall utgifvas för eder; gören detta till min åminnelse.

Sammalunda tog han äfven kalken efter måltiden och sade: Denna kalk är det nya förbundet i mitt blod; gören detta, så ofta I dricken, till min åminnelse. Ty så ofta I äten detta bröd och dricken denna kalk, så förkunnen I Herrens död, till dess han kommer.

Hvar och en således, som ovärdigt äter detta bröd eller dricker Herrens kalk, han är saker på Herrens lekamen och blod." (1 Kor. 11:23-27)

Stycket är läromässigt rikt. Det identifierar eukaristin med Kristi lidande. Ett nytt och evigt förbund sluts mellan Gud och människa i Jesu blod. Hans offer förutsades på ett mystiskt sätt vid den sista nattvarden. Apostlarna och underförstått deras efterträdare befalls att fira eukaristin till Hans minne, och detta minne är av en sådan natur att det utgör en oupphörlig proklamation av Hans frälsande död och gör den verkligt närvarande fram till den dag då Han återvänder i sin andra återkomsts fulla härlighet. Eukaristin är minnet av Kristi lidande, *anamnesis* på grekiska, och den högtidlighåller Kristi lidande genom att förnya det på ett oblodigt sätt på altaret. Slutligen krävs en stor själslig renhet för att delta i en så helig rit som offringen och mottagandet av vår Frälsares kropp och blod.

Genom att kombinera aposteln Pauli redogörelse med de tre synoptiska evangelierna får vi fram den eukaristiska liturgins grundstomme hos samtliga antika riter. Vår Herre tog brödet, tackade Gud, välsignade och bröt det och gav det till sina apostlar att äta, därefter tog han en kalk vin, tackade återigen Gud (Lukas och Paulus nämner inte denna andra tacksägelse), uttalade instiftelseorden över det och gav dem det att dricka. Vi har alltså de fem viktigaste delarna i den kristna eukaristin: 1) Bröd och vin frambärs till altaret, 2) celebranten framför tacksägelsen, 3) han tar brödet, välsignar det och uttalar instiftelseorden, 4) han gör detsamma över vinet, 5) det välsignade brödet, som nu har blivit Kristi kropp, bryts och ges till människor i kommunion tillsammans med innehållet i kalken, dvs. Kristi dyrbara blod.

Vår kunskap om liturgin ökar betydligt när vi träder in på 100-talet, och här måste särskilt nämnas ett vittnesmål från en hednisk romare, Plinius den yngre (63-113), ståthållare över Bithynien (nuvarande nordvästra Turkiet). Omkring år 112 skriver han till sin herre, kejsar Trajanus, och frågar hur han skall behandla de kristna. Han beskriver vad han har fått veta om dem av kristna som avfallit under tortyr. Med hänvisning till sina avfallna informatörer skriver han med tillfredställelse: "Alla har dyrkat din avbild och gudarnas bildstoder och har förbannat Kristus"." Sedan skildrar han vad avfällingarna har avslöjat om kristen tillbedjan:

"De hävdar att följande var hela deras fel eller misstag, att deras sed påbjöd att på en särskild dag *(stato die)* träffas före gryningen *(ante lucem)* och sjunga en psalm växelvis till Kristus såsom en gud, och att de ingick en ed *(sacramento)* att inte begå något brott, men särskilt att inte begå stöld eller rån eller äktenskapsbrott, att inte bryta sitt ord eller vägra lämna ifrån sig något lämnat i förvar. När de hade gjort detta, var det deras sed att skiljas åt, men att träffas igen för att äta mat - vanlig och ofarlig mat dock. De säger att de [de avfälliga informatörerna] har upphört med detta; detta efter mitt edikt som förbjöd privata sammankomster *(hetaerias)* enligt din befallning."[1]

Med *stato die* menas med säkerhet söndag. Det finns enligt Plinius två sammankomster, den tidiga där de sjunger sina psalmer och en senare där de intar en måltid, agape eller eukaristin. Eden att inte göra något ont är förmodligen ett missförstånd i Plinius' tanke. Han torde ha tagit det för givet att dessa hemliga möten måste inbegripa någon typ av ed konspiratörer emellan, enär den enda skyldighet som hans informatörer kunde informera honom om var den att inte begå brott. Plinius brev tillför inte mycket till vår kunskap om den tidiga liturgin, men den är värd att citera för den bild den målar upp, ett av de första omnämnandena av kristendomen av en hedning, om de kristna som möts före gryningen och sjunger sina psalmer till "Kristus såsom en gud".

---

[1] Huvudkällan för denna bok är fader Adrian Fortescues klassiker *The Mass: A Study of the Roman Liturgy* (London: Longmans, 1912). Detta verk förkortas TM i noterna. Citat ur TM, s. 16.

De första kristna samlades för gudstjänst i något privat hem som hade en stor matsal, ett *coenaculum* som Vulgata utrycker det, detta eftersom de i egenskap av en förföljd minoritet inte kunde uppföra offentliga byggnader. Vår kunskap om detaljerna i liturgin ökar från de tidigaste fäderna och för varje efterföljande århundrade. Det sker en gradvis och naturlig utveckling. Bönerna och formuleringarna och så småningom de ceremoniella åtbörderna utvecklas till fasta former. Det finns variationer på de underordnade delarna, och större krav på vissa element på somliga platser kommer att frambringa olika liturgier, men alla går tillbaka till det bibliska mönstret. Den romerska mässan är en liturgisk form som vi finner först i epistlarna, apostlagärningarna och evangelierna, inte i någon medeltida påves lagar.

Gradvis utveckling av ceremoniel

Även om det fanns betydlig liturgisk enhetlighet under de två första århundradena efter Kristus, fanns det ingen absolut enhetlighet. Liturgiska böcker användes med säkerhet på mitten av 300-talet och möjligen före 200-talets slut, men de äldsta bevarade texterna är från 600-talet, och notskrift användes i väst inte förrän på 800-talet då gregorianiken kodifierades. Den enda med säkerhet kända bok som användes fram till 300-talet var Bibeln, ur vilken läsningarna föredrogs. Psalmer och Herrens bön var kända utantill, annars var bönerna improviserade. Det fanns lite som skulle kunna beskrivas som ceremoniellt i den betydelse som vi använder termen idag. Saker gjordes och utfördes av någon praktisk anledning. Läsningarna föredrogs med hög röst från en lämplig plats varifrån de kunde höras, bröd och vin fördes till altaret vid en lämplig tidpunkt. Allt gjordes uppenbarligen med största möjliga vördnad, och tecken på respekt uppstod gradvis och naturligt och blev etablerade seder; liturgiska åtbörder blev med andra ord ritualiserade.

Handtvagningen, *Lavabo*, är ett tydligt exempel. I alla riter tvår celebranten sina händer innan han hanterar offergåvorna, en uppenbar försiktighetsåtgärd och ett tecken på respekt. S:t Thomas av Aquino kommenterade: "Vi har inte för vana att hantera dyrbara saker utom med rena händer, så det tycks opassande att närma sig ett så heligt sakrament med smutsiga händer."[2] Handtvagningen kom nästan oundvikligen att förstås som en symbol för själens rening, liksom är fallet med all rituell tvagning i alla religioner. Det fanns ursprungligen inga särskilda böner som var obligatoriska för handtvagningen, men det föll sig naturligt att prästen bad om renhet vid detta ögonblick och att sådana böner så småningom fann sin väg till de liturgiska böckerna. Vilken bön kan vara lämpligare än psalm 25, *Lavabo inter innocentes manus meas*? All ritual växte fram naturligt ur dessa rent praktiska åtbörder, liksom den liturgiska klädseln utvecklades från den alldagliga klädseln. De enda verkligt rituella åtbörder vi finner under de två första århundradena är vissa kroppshållningar, knäfall eller stående vid bön samt sådana ceremonier som fridskyssen, vilka alla var ett arv från judarna.[3]

---

[2] *Summa Theologica*, del III, Q. 83, Art. 5, ad I.

[3] TM, s. 50.

Det är lätt att förstå att ordningen, mässans generella struktur, skulle komma att fixeras nästan omgående. När människor gör något kontinuerligt, gör de detta på ungefär samma sätt. Det fanns ingen anledning till förändring; att plötsligt vända på ordningen hade stört och retat folk. De första kristna visste t.ex. vid vilken tidpunkt man kunde förvänta epistelläsningarna, tidpunkten för kommunionen och när man skulle stå upp för bön. Det faktum att katekumener var närvarande vid en del av mässan, men inte fick närvara vid en annan, förutsätter ett visst mått av enhetlig ordning. Men också bönerna, även om de ännu inte hade fasta fixerade former, tenderade naturligt mot enhetlighet, åtminstone vad gäller huvuddragen. Här skulle också sed och bruk snart komma att fastställa deras ordning. Mässbesökarna visste när man kunde förvänta sig bön för kejsaren, tacksägelsen, förbönerna. Bönerna i dialogform, av vilka vi har många spår i denna tidiga epok, innebär också enhetlighet, åtminstone i bönernas generella karaktär. Menigheten svarade med sina "Amen", "Herre, förbarma dig", "Gud vare tack" osv. vid vissa tidpunkter, eftersom de mer eller mindre visste vad celebranten skulle säga varje gång. I en dramaturgisk dialog måste alla sidor vara beredda på varandra. Bönernas ordning och generella disposition förblev alltså beständiga. Vi finner ofta att precis samma ord används; hela formuleringar, ibland långa sådana, återkommer. Det är lätt att förstå.

För det första fanns det många formuleringar i det gamla eller det nya testamentet som var vanligt förekommande i den judiska gudstjänsten. Dessa brukades som liturgiska formler även av kristna. Exempel på sådana formuleringar är:

"Amen", "Halleluja", "Herre förbarma dig", "Gud vare tack", "I evigheternas evighet", "Välsignad är Du, o Herre vår Gud". Dessutom bör det noteras att improviserade böner alltid tenderar att falla in i schabloner. En människa som ber om samma sak börjar snart upprepa samma ord. Detta kan observeras i improviserade predikningar. Det faktum att all tidig kristen språkdräkt var genomsyrad av bibliska formuleringar, innebär att det knappast vore möjligt för biskopen att använda olika formuleringar och ord varje gång han bad, även om han försökte. Och varför skulle han göra det? Sålunda återkom samma uttryck gång på gång i de offentliga bönerna. En formulering som ständigt hördes kom snart att betraktas som den rätta, särskilt då liturgin redan på somliga ställen innehöll exempel på fasta formuleringar (Psalmerna och Herrens bön). En yngre biskop, när det föll på honom att celebrera, var inte bättre än att han fortsatte att använda samma ord (såvitt han mindes dem) som sin vördnadsvärde företrädare, vars böner folket, och kanske han själv som diakon, så ofta hade följt och besvarat med from vördnad.[4]

Förföljelserna upphör

Historiska omständigheter spelade en avgörande roll för hur liturgin firades. I tider av förföljelser karaktäriserades liturgin huvudsakligen av korthet och enkelhet, av uppenbara skäl. Religionsfriheten för kristendomen under Konstantin den store samt dess status som officiell statsreligion i hela riket under Theodosius den store (379-95) fick dramatiska

---

[4] TM, s. 50-52.

följder för riternas utveckling. Församlingarna växte i storlek och donationer för kyrkors uppförande och inredning ledde till dyrbarare liturgiska kärl och klädnader. De som donerade ville naturligtvis att de skulle vara så dyrbara och vackra som möjligt. I en parallell och naturlig utveckling blev de liturgiska riterna allt mer utbroderade med högtidliga processioner och betoning på riternas vördnadsbjudande natur. Denna förfining av liturgin gick snabbare och längre i öst än i väst på 300-talet, men denna universella stilförändring ägde rum i hela den kristna världen genom att mässan gick från att vara en illegal och privat ritual till att bli en statsunderstödd och offentlig.

Från 300-talet och framåt har vi mycket detaljerad information om liturgin. Kyrkofäder som S:t Kyrillos av Jerusalem († 386), S:t Athanasius († 373), S:t Basileios († 379) och S:t Johannes Chrysostomos († 407) ger oss utförliga beskrivningar av de riter de celebrerade. Det är olyckligt att vi vet mindre om den romerska ritens tidigaste historia än om någon annan rit. Kyrkans frihet under kejsar Konstantin den store och det första konciliet i Nicaea år 325 markerar den stora vändpunkten för studiet av liturgin. På 300-talet sammanställdes kompletta liturgiska texter; de första *Euchologion* och sakramentarierna utarbetades för användning i kyrkan. *Euchologiet* är de östra kyrkornas liturgiska bok som innehåller de eukaristiska riterna, tidegärdens oföränderliga delar och ritualer för meddelande av sakramenten och sakramentalierna och binder således samman de essentiella delarna av den romerska ritens missale, pontifikale och rituale. Vid det här laget hade den gamla flytande enhetliga riten kristalliserats till olika liturgier på olika platser. Samtliga dessa riter bär den gemensamma härkomstens alla kännetecken och uppvisar samma generella struktur. Fyra moderriter kan urskiljas från vilka alla nu existerande gamla riter kan spåras. Tre av moderriterna har som sina hemorter de tre gamla patriarksätena Rom, Alexandria och Antiokia. Den allmänna regeln för liturgiskt bruk säger att rit lyder patriarksäte. Den fjärde moderriten, den gallikanska, utgjorde ett undantag från regeln, då den inte härrör från den rit som celebrerades i Rom, fastän den celebrerades inom det romerska patriarkatets jurisdiktion. Då denna studie endast berör den romerska ritens utveckling, kommer liturgierna i Alexandria och Antiokia inte att undersökas, men den gallikanska riten kommer att belysas då den hade betydande inflytande på framväxten av den slutgiltiga romerska riten.

Den gallikanska riten

Det faktum att Västerlandet fram till 700-talet inte tillämpade den allmänna princip som säger att rit lyder patriarksäte, är både avvikande och unikt. Att Roms biskop var hela Västerlandets patriark är ett faktum som inte ifrågasätts av någon, och ändå följde västkyrkorna inte denna rit. Fram till 700-talet var den enbart staden Roms lokala rit. Den celebrerades inte i norra Italien, och även halvöns södra stift hade sina egna liturgiska bruk. Det är vanligt att klassificera dessa västliga (latinska, men inte romerska) riter under den generella termen gallikanska. Denna praxis är riktig emedan de alla skiljer sig från den romerska och är nära besläktade med varandra. Vi vet mest om den gallikanska riten i strikt bemärkelse, såsom den celebrerades i Gallien. Varianter fanns i Spanien, Storbritannien, Italien och på andra platser.

Den allmänt accepterade uppfattningen är att den gallikanska liturgifamiljen kom österifrån, möjligtvis från Antiokia, och efter att ha fått fotfäste i Milano på 300-talet spred den sig över hela västvärlden. Milano var vid denna tid norra Italiens metropolitsäte och det näst viktigaste biskopssätet i väst.

Från omkring 700-talet spred sig den lokala romerska riten över hela västvärlden och ersatte de gallikanska liturgierna, men modifierades samtidigt av dem. Det finns två platser i Västeuropa där de gamla gallikanska liturgierna fortfarande celebreras. I Toledo i Spanien finns den mozarabiska riten. "Mozarabisk" syftar på mozaraberna, de kristna araberna, och bör strängt taget endast tillämpas på de delar av Spanien som låg under moriskt styre efter år 711. I sin nuvarande form utgör den återstoden av den gamla spanska riten. Från och med 1000-talet trängdes den mozarabiska riten alltmer tillbaka av den romerska och det verkade som om den skulle försvinna helt. År 1500 reviderade kardinal Ximenes, kardinal-ärkebiskopen av Toledo som avled 1517, dess liturgiska böcker och grundade domkapitel i Toledo, Salamanca och Valladolid för att bevara dess bruk, men det är endast i Corpus Christi-kapellet i katedralen i Toledo, grundat av kardinalen, som den fortfarande celebreras idag, men med romerska inslag, t.ex. den romerska formen av instiftelseorden. Kardinal Ximenes lät trycka ett mozarabiskt missale år 1500 och ett breviarium år 1502.

Staden Milano hade också sin egen rit, den ambrosianska, men det finns inga bevis för att S:t Ambrosius gjorde mer än att komponera halvdussinet av ritens psalmer, och den är betydligt mer romaniserad än den i Toledo och inkluderar samtliga romerska kanonböner. Folket i Milano tog vid flera tillfällen till vapen för att mota tillbaka försök att påtvinga dem den romerska riten. Den genomgick stora förändringar efter 1970 för att bringas i överensstämmelse med påven Paulus VI:s nya mässa.

Den romerska ritens ursprung och dess liturgiska böcker

Från omkring mitten på 300-talet fanns det med säkerhet liturgiska böcker. Hur lång tid dessförinnan något fanns skrivet är omöjligt att säga. Den del av liturgin som först tycks ha skrivits ned var diptykerna. Ordet diptyk härrör från det grekiska ordet för dubbeltavla. En diptyk bestod av två tavlor (ursprungligen överdragna med vax), sammanlänkande och hopfällbara som en bok. På den ena stod namnen på de levande som man bad för, på den andra de avlidnas namn. Dessa namn lästes sedan upp högt av diakonen på utsatt plats i liturgin. Bruket av dessa sträckte sig i öst lång in på medeltiden. Sedan skrevs läsningarna ned i en bok. Den gamla seden att läsa ur Bibeln tills biskopen signalerade gav snart vika för en mer ordnad struktur med läsning av en bestämd mängd text vid varje liturgi. Marginalanteckningar lades in i Bibeln vilka visar detta. Sedan upprättades en komplett förteckning över textmängdens första och sista ord som skulle läsas upp. Andra böcker lästes jämte Bibeln (helgonens liv och predikningar i tidegärden); en komplett förteckning som ger referenser till läsningarna är "böckernas följeslagare", *comes, liber comitis* eller *comicus.* Slutligen, för att undvika besvär, skrivs hela texten ut som den önskas, så att vi kommer till (den liturgiska) evangelieboken (*evangelarium*), epistelboken (*epistola-rium*) och slutligen ett fullständigt lectionarium. S:t Hiero-nymus (324-420) anses som den som fick i uppdrag av på-ven att välja ut epistlar och evangelier för varje söndag i det liturgiska året, vilka har använts alltsedan dess i det traditio-nella romerska missalet.[5] Samtidigt skrevs bönerna som läses av celebranten och diakonen också ned.

Här måste vi notera en viktig skillnad mellan det äldre ar-rangemanget och det nuvarande bruket i väst. Våra nuva-rande böcker är arrangerade enligt användningsområde; missalet innehåller således allt som behövs för mässan, bre-viariet innehåller hela tidegärden, etc. Det äldre systemet, som fortfarande gäller i alla östkyrkor, tar inte hänsyn till bruket utan istället till personen som använder boken. En bok innehåller allt som en biskop eller präst säger i alla sam-manhang, diakonen har sin bok, kören har sin osv. Bisko-pens bok, ur vilken också prästen läser vadhelst han behö-ver, är sakramentariet (*Sacramentarium* eller *liber sacramen-torum*). Den innehöll endast celebrantens del av den euka-ristiska liturgin, t.ex. kanonbönerna, kollektbönerna och prefatoriet, men inte epistlarna eller evangelierna eller sjungna delar såsom gradualet. Det innehåller också bisko-pens del i många andra ceremonier, vigningar, dop, väl-signelser och exorcismer, kort sagt alla prästerliga funktio-ner. Också diakonen hade sin bok, *diakonikon,* men då hans funktion i Rom reducerades till att sjunga evangeliet, be-gränsades denna bok till de österländska liturgierna. Och senare fick kören psalmerna och svaren sammanställda i *li-*

---

[5] TM, s. 255 & 261.

ber antiphonarius eller *gradualis,* och i *liber responsalis* och *psalterium,* senare också *hymnarium, liber sequentialis* och så vidare, av vilka det under tidig medeltid fanns en stor mängd.[6]

Kanonbönen går tillbaka till 300-talet

Mot slutet av 300-talet citerar S:t Ambrosius av Milano - i en samling instruktioner för de nyligen döpta som han kallar *De Sacramentis* - kanonbönens centrala delar vilken huvudsakligen är identisk med respektive böner i den romerska kanon, men något kortare. Detta bevisar bortom allt tvivel att kärnan i vår kanon, från *Quam oblationem* (bönen som föregår konsekrationen), inkl. bönerna omedelbart efter konsekrationen [anamnes och epikles], fanns på plats i slutet av 300-talet.

De tidigaste romerska sakramentarierna utgör de första kompletta källorna för den romerska riten. Dessa var skrivna på latin vilket gradvis hade ersatt grekiskan som romerskt liturgispråk. Historikerna är oense om den precisa tidpunkten för den språkliga övergångens fullbordan och daterar den således från 100-talets andra hälft till 300-talets slut. Båda språken måste ha använts sida vid sida under en hyfsat lång övergångsperiod.[7] Det latinska språkets anda kom med säkerhet att påverka den romerska ritens karaktär. Latin är till sin natur koncist och återhållsamt i jämförelse med grekiskans överflödande retorik. Det fanns en naturlig

---

[6] TM, s. 115-117.

[7] TM, s. 126.

tendens i latinet att beskära överflödiga fraser, och denna stramhet utgör ett av den romerska mässans kännetecken.[8]

Av alla sakramentarier utmärker sig tre som de tidigaste, fullständigaste och viktigaste i alla avseenden. Dessa är de s.k. leoninska, gelasianska och gregorianska, uppkallade respektive efter påvarna S:t Leo den store (440-462), Gelasius I (492-496) och S:t Gregorius den store (590-604). Namnen antyder ett författarskap som inte kan beläggas ens vad gäller S:t Gregorius den store. Det saknas bevis för att påven Gelasius I skulle ha bidragit med något alls till det sakramentarium som tillskrivs honom; S:t Leo den store kan ha komponerat några av bönerna i det leoninska sakramentariet men det är långt ifrån säkert. Det gregorianska sakramentariet innehåller med säkerhet visst stoff av S:t Gregorius den store. Det leoninska sakramentariet, *Sacramentarium Leonianum,* är det äldsta av de tre och återfinns i ett manuskript från 600-talet som förvaras i domkapitlets bibliotek i Verona. Sakramentariet föregicks av vad som kallades *Libelli Missarum.* Dessa var små böcker som innehöll formlerna för delar av mässan som användes av kyrkan i ett visst stift eller en viss stad, men inte för kanonbönen, vilken var fix, läsningarna eller de sjungna delarna. De utgjorde mellanstadiet mellan de improviserade celebreringarna och sakramentariets fixa formuleringar. Vad man vet finns inga bevarade exemplar, men vissheten om deras existens kommer genom litterära referenser och framför allt genom det leoninska sakramentariet som innehåller en samling av *Libelli.* Tyvärr är samlingen inte fullständig och saknar både

---

[8] TM, s. 127.

mässordinariet (mässans fasta delar) och kanon, men den innehåller många mässproprier som fortfarande finns i det romerska missalet [av år 1962].

Det gelasianska sakramentariet är den äldsta romerska mässboken i egentlig bemärkelse. Den är långt mer komplett än den leoninska och har fester ordnade efter kyrkoåret. Den innehåller också kanonbönen och flera votivmässor. Det äldsta bevarade manuskriptet är från 700-talet och innehåller visst gallikanskt stoff.

S:t Gregorius den stores reformer

S:t Gregorius den store blev påve 590 och regerade till sin död 604. Hans arbete under dessa fjorton år trotsar nästan all beskrivning. Bland de många viktiga reformer han företog märks inte minst de på liturgins område. Hans regeringstid som påve markerar en epok i den romerska mässans historia, och det är mässan som han lämnade den i arv som vi i allt väsentligt fortfarande har idag. Han samlade det gelasianska sakramentariet till en bok, utelämnade mycket, men förändrade lite. Vad vi idag kallar det gregorianska sakramentariet kan inte tillskrivas påven personligen då det bland annat innehåller en mässa för hans festdag, men det baseras tvivelsutan på hans liturgireform och inkluderar material skrivet av hans hand.

S:t Gregorius den stores reformer kännetecknas framför allt av trohet till de traditioner som hade mottagits och överlämnats. (Rotbetydelsen av det latinska ordet *traditio* är "överlämnande", lämna vidare, förmedla eller överföra. [På svenska har vi verbet *tradera*, som just betyder att muntligt eller skriftligt förmedla, överföra, meddela från släkte till släkte, vidareföra.]) Hans reformer bestod huvudsakligen av förenkling och mer välordnat arrangemang av den befintliga riten - reducering av de böner som varierade med kyrkoåret [mässproprierna] i mässan till tre (kyrkobön/kollektbön, secreta och postkommunionsbön) och reducering av de variationer som under denna tid gjorde sig gällande inom kanonbönen, prefationerna och ytterligare former av *Communicantes* och *Hanc Igitur.* Dessa variationer hörs fortfarande vid ett fåtal tillfällen såsom jul och påsk. Hans främsta arbete var säkerligen den romerska kanonbönens slutgiltiga bearbetning. Lektionariet gavs också slutgiltig form, men skulle ändock komma att senare undergå betydliga förändringar. Mässordinariet enligt 1570 års missale av S:t Pius V (1566-1572) överensstämmer mycket väl, bortsett från smärre tillägg och förstärkningar, med mässordinariet som fastställdes av S:t Gregorius den store. Det är också denne påve vi i stor utsträckning har att tacka för kodifieringen av den ojämförliga liturgiska sång som bär hans namn.

Österländsk och gallikansk påverkan på den romerska riten

Den av S:t Gregorius den store reformerade romerska mässan spred sig efter hand och blev förhärskande inte endast i Italien, utan även bortom Alperna. Den romerska kyrkans anseende, hennes liturgis sobra natur och det faktum att apostlafurstens och många andra martyrers gravar fanns i Rom, bidrog till att ge den romerska liturgin en stark prägel av autenticitet och auktoritet. Dessutom fanns det i Västeuropa med undantag för Toledo i Spanien inte några betydande stiftsstäder, vilket påskyndade den romerska mässans spridning. Denna tid kännetecknades av oro, vilket också bidrog till spridningen. Men under denna expansion absorberade den romerska liturgin särdrag i de lokala, dvs. gallikanska, traditioner som härrörde från en tidigare period och som hade släktskap med österländska bruk. Somliga av dessa gallikanska särdrag skulle efter hand komma att finna sin väg till Rom och införlivas i den romerska mässan.

Det sakramentarium som bär S:t Gregorius den stores namn är en term för en grupp av sakramentarier vilka uppkom efter hans levnadstid. Det mest betydelsefulla av de gregorianska sakramentarierna är det som kallas *Adrianum*. Det skickades av påven Hadrianus I (722-795) till Karl den store på dennes begäran år 785 eller 786. Karl den store hade efterfrågat en romersk mässbok då han ville standardisera liturgin i sitt rike utifrån det romerska bruket. Han fick hjälp i detta arbete av Alcuin, en engelsk munk, som kompenserade för bristerna i det romerska sakramentariet genom att lägga till stoff från de gelasianska sakramentarier som då brukade i Gallien, sakramentarier som innehöll gallikanskt material. Alcuins blandritssakramentarium hittade tillbaka till Rom och dess material fann sin väg in i det romerska sakramentariet. Det är från detta gallikaniserade romerska sakramentarium som det fullbordade romerska missalet småningom sammanställdes. På 1000-talet och inte senare än 1100-talet hade denna gallikaniserade romerska rit ersatt alla renodlat gallikanska riter med undantag för den mozarabiska riten i Toledo och en romaniserad version av den ambrosianska riten i Milano. Principen som säger att rit lyder patriarksäte hade slutligen segrat i väst såväl som i öst.

Tilläggen till den romerska riten, varav en del har sitt ursprung i Jerusalem och den östra kristenheten samt i gallikanska riter, utgör dess mer omsorgsfullt utarbetade, dekorativa och symboliska delar. Den renodlat romerska riten var i högsta grad okonstlad, återhållsam och tydlig; alla åtbörder grundade sig på praktisk användbarhet. Dess böner var koncisa och värdiga, men nästan alltför lakoniska i jämförelse med den översvallande retoriken i öst. I våra missalen har vi från icke-romerska källor mycket av stilla veckans ceremonier samt sådana dekorativa och symboliska processioner och välsignelser som de tillhörande Kyndelsmässsodagen och Palmsöndagen. Fader Adrian Fortescue skriver:

"Om man får drista sig till en kritik av dessa tillägg ur estetisk synpunkt, skulle det vara att de är ytterst lyckade. Den gamla romerska riten, trots sin värdighet och arkaiska enkelhet, drogs med nackdelen att vara tråkig. De österländska och gallikanska riterna är för översvallande för vår smak och för långrandiga. De få icke-romerska elementen i vår mässa berövar den inget av dess värdighet men skänker den tillräckligt med variation och tystlåten sinnesrörelse för att göra den ytterst vacker".[9]

Ett heligt arv från 500-talet

Vi är nu framme vid tidig medeltid. Från och med nu finns det inte mycket att säga om förändringar i själva mässans ordning då den hade blivit ett heligt och okränkbart arv, dess ursprung glömt. Enligt den fromma folktron hade

---

[9] TM, s. 184.

mässan traderats oförändrad från apostlarna eller var författad av aposteln Petrus själv. Fader Fortescue betraktar S:t Gregorius den stores regeringstid som en epokmarkör i mässans historia, då liturgin han överlämnade i allt väsentligt är samma liturgi som vi har idag. Han skriver:

"Det finns dessutom en fast tradition som säger att S:t Gregorius den store var den siste att vidröra mässans innersta hjärta, nämligen kanonbönen. Benedikt XIV (1740-1758) säger: 'Ingen påve har lagt något till eller förändrat kanonbönen sedan S:t Gregorius den store.'"[10]

Det är inte av någon större vikt huruvida detta påstående är helt korrekt eller inte. Även om några mycket små tillägg smög sig in i efterhand, kanske ett par "Amen", så är den viktiga poängen den att det i den romerska kyrkan med säkerhet fanns en mer än tusen år gammal tradition som sade att mässans kanonbön inte bör förändras. Kardinal Gasquet skriver:

"Detta faktum, att den sålunda har förblivit oförändrad under tretton århundraden, utgör det mest övertygande vittnesmålet för den vördnad med vilken den alltid har betraktats och för den samvetsbetänklighet som alltid har följt på beröring av ett så heligt arvegods, oss givet ur en dimhöljd forntid".[11]

---

[10] TM, s. 172.

[11] F. Gasquet & H. Bishop, *Edward VI and the Book of Common Prayer* (London: John Hodges, 1890), s. 197.

Även om mässan fortsatte att utvecklas efter S:t Gregorius den store, förklarar fader Fortescue:

"Alla senare modifikationer anpassades till det äldre arrangemanget och de viktigaste delarna lämnades orörda. Från ungefär tiden för påven S:t Gregorius den store har vi mässtexten, dess ordning och struktur som en helig tradition vilken ingen har dristat sig röra undantaget oväsentliga detaljer"[12]

Bland de senare tilläggen:

"Trappstegsbönen utgör i sin nuvarande form den yngsta delen av alla. Den härrör från de medeltida privata förberedelserna och fick formellt inte sin nuvarande plats före Pius V:s missale (1570)"[13]

De var dock allmänt lästa långt före reformationen och finns i den första tryckta utgåvan av det romerska missalet (1474).

"*Gloria* infördes gradvis och sjöngs ursprungligen bara på fester vid biskopsmässor. Det är förmodligen gallikanskt. Credo kom till Rom på 1000-talet. Offertoriebönerna och *Lavabo* introducerades från andra sidan Alperna strax före 1300-talet. *Placeat*, välsignelsen och sista evangeliet infördes gradvis på medeltiden."[14]

---

[12] TM, s. 173.
[13] TM, s. 183-184.
[14] TM, s. 184.

Dessa böner har nästan undantagslöst använts liturgiskt i århundraden före deras officiella införande i den romerska riten. *Suscipe sancte Pater* kan spåras tillbaka till Karl den skalliges (875-877) bönbok.[15]

Bönerna som infördes i den romerska mässan efter S:t Gregorius den store var bland de första att avskaffas av de protestantiska reformatorerna. Dessa var bl.a. trappstegsbönen; *Judica me* med dess hänvisning till prästen som går upp till Guds altare och *Confiteor* med dess anhållan om Jungfru Marias och helgonens förböner betraktades som särskilt oacceptabla. Offertoriet med sin uttalade offerterminologi samt *Placeat tibi*, som kommer efter kommunionen, var helt oförenliga med protestantisk teologi.

Det faktum att dessa böner var oförenliga med den protestantiska irrläran är knappast förvånande eftersom ett av skälen som måste ha föranlett kyrkan att acceptera dem, vägledd som hon är av den Helige Ande, är den exceptionella klarheten i bönernas läroinnehåll. Denna tendens hos en rit att uttrycka allt tydligare vad den läromässigt innehåller står i fullkomlig överensstämmelse med principen *lex orandi, lex credendi*. Denna princip har förklarats i tydliga ordalag av dom Fernand Cabrol i förordet till hans utgåva av det dagliga missalet:

"En påve på 400-talet uttalade under en berömd kontrovers följande ord, vilka alltsedan dess har betraktats som ett teologiskt axiom: *Legem credendi lex statuat supplicandi* (låt bö-

---

[15] TM, s. 305.

nens lag fastställa trons lag) - med andra ord, kyrkans liturgi utgör en säker vägledning till hennes lära.

Över allt annat värdesätter kyrkan den trosintegritet som hon är väktare av: hon kan därför aldrig tillåta sina officiella böner och tillbedjan att stå i motsats till sin troslära. Således har hon alltid vakat över formuleringarna i sin liturgi med största omsorg och har korrigerat eller förkastat allt som har varit behäftat med felaktigheter.

De liturgiska böckerna är alltså ett autentiskt uttryck för katolsk tro och utgör i själva verket en källa från vilken teologer får, i all säkerhet, hämta sina argument till försvar för tron. Liturgin har en viktig plats i *loci theologici* (de teologiska källorna) och i detta avseende är missalet dess viktigaste representant. Det senare är självfallet inte en handbok i dogmatik, utan behandlar tillbedjan av Gud, inte kontroversiella frågor. Det är icke desto mindre sant att vi i missalet har en magnifik sammanställning av kristen troslära - den heliga eukaristin, mässoffret, bön, kristen tillbedjan, inkarnationen och frälsningsverket - faktum är att alla trosläror kommer till uttryck här".

I den auktoritativa redogörelsen för katolsk troslära sammanställd av kanik George Smith sägs:

"Genom hela den sakramentala liturgins historiska utveckling har tendensen alltid varit tillväxt - tillägg och avlagringar - i en strävan att få en fylligare, fullkomligare och mer klart betydelsefull symbolik"[16]

Protestantismens brytning med liturgisk tradition

Västkyrkans sunda och oföränderliga praxis bröts för första gången av 1500-talets protestantiska reformatorer. De bröt med kyrkans tradition genom att inleda en drastisk reform av liturgiska riter, och så skulle även ha varit fallet, om deras reformerade liturgier hade varit renläriga. Arten av deras kätteri tydliggjordes snarare av vad de kastade bort ur de traditionella böckerna, än vad deras nya riter behöll. År 1898 publicerade de katolska biskoparna i Westminster en dräpande kritik av de engelska reformatorernas liturgiska revolution, en revolution som var radikalt oförenlig med den princip som artikulerats av kanik Smith. De anglikanska anspråken på att deras ceremonier syftade till enkelhet och återgång till primitivt bruk behandlades med synnerligen kraftfullt språkbruk. De katolska biskoparna förnekade att nationella eller lokala kyrkor hade rätt att utforma sina egna riter:

"De får inte utelämna eller reformera något i de former som urgammal tradition har lämnat i arv till oss. Ty ett sådant urgammalt bruk, oavsett om det genom århundradens lopp har inlemmat överflödiga tillägg, måste åtminstone enligt dem som tror på en gudomligt bevarad synlig kyrka ha bevarat allt som är nödvändigt, så att vi i strikt fasthållande av riten som traderats ned till oss alltid kan känna oss trygga;

---

[16] G. Smith, Editor, *The Teaching of the Catholic Church* (London: Bums & Oates, 1956), s. 1056.

då vi däremot utelämnar eller förändrar något, kanske vi överger just det element som är väsentligt. Och denna sunda metod är den vilken kyrkan alltid har följt...att kyrkor fordom tilläts *tillägga* ceremonier och böner erkänns...men att de också skulle ha tillåtits att *avlägsna* tidigare brukade böner och ceremonier och även omdana de befintliga riterna på det mest drastiska vis, **är ett påstående för vilket vi inte känner någon historisk grund, och som förefaller oss fullständigt otänkbart** [betoning tillagd]. Följaktligen handlade Cranmer, när han slog in på denna väg utan motstycke, enligt vår mening, med den mest ofattbara besinningslöshet"[17]

Lågmässans utveckling

Utvecklingen av vad vi kallar lågmässan är den allra viktigaste av de modifikationer som fader Fortescue belyser. Lågmässans enkelhet skulle kunna ge intrycket att den är den ursprungliga formen, men det är ett helt felaktigt antagande. Den är istället en sentida förkortning. Allt som har skrivits om den romerska mässan så här långt har handlat om det vi skulle beskriva som högmässa. Från första början läser vi om liturgin som firas med diakoner och altartjänare och i närvaron av människorna som sjöng sin del. Fram till medeltiden celebrerades mässan bara en gång om dagen. Biskopen eller den högre rankade prästen celebrerade, och resten av prästerskapet tog antingen emot kommunionen eller koncelebrerade. Så är det än idag i öst-kyrkorna där det inte

---

[17] Kardinal-ärkebiskopen och biskoparna av provinsen Westminster, *A Vindication of the Bull "Apostolicae Curae"* (London: Longmans, 1898), s. 42.

finns någon motsvarighet till vår lågmässa och där det ursprungliga skicket med endast ett altare i varje kyrka upprätthålls. Vid medeltidens början i väst firade varje präst sin egen mässa varje dag, ett bruk som fick långtgående konsekvenser inte enbart för liturgin utan också för kyrklig arkitektur och t.o.m. kyrkorätten.

Skälen till förändringarna var teologiska. Varje mässa har i egenskap av försoningsoffer ett bestämt värde inför Gud – således är två mässor dubbelt så mycket värda som en. Seden uppstod att fira mässan för en bestämd intention och att ta emot allmosor för detta. Detta gällde särskilt requiem-mässor. Troende katoliker avsatte i sina testamenten något för mässor som lästes för deras själar samt donerade till monastiska stiftelser i detta syfte. Under senare medeltid upprättades kapell i specifikt syfte att läsa requiem-mässor för en särskild person, och det var brukligt för alla medeltida skrån att låta mässan läsas för deras avlidna medlemmar. På 800-talet hade mässorna blivit så många att prästerna läste mässan flera gånger om dagen. (På 1200-talet vidtogs åtgärder för att bromsa den lavinartade ökningen av mässor och ett antal synoder förbjöd präster att läsa mässan mer än en gång per dag, undantaget söndagar och festdagar samt nödsituationer).

Ökningen av antalet mässor ledde till att man uppförde flera altare i samma kyrkor och kloster, där prästerna firade mässan samtidigt på olika altaren. Vid 800-talet var alla större kloster nödgade att fira hundratals eller t.o.m. tusentals mässor per år. Allt detta ledde till den förkortade mässa som vi idag kallar lågmässa, och det var lågmässan som ledde till att man sammanställde missalen såsom vi känner dem idag.

Tidigare var böckerna ordnade utifrån vem som skulle använda dem. Prästens bok var sakramentariet, som innehöll hans del av mässan och andra ritualer. Han behövde inte ha läsningarna eller antifonerna i sin bok då det inte var han som läste dem. Men vid en privat mässa läste han dessa delar själv då han ersatte frånvarande altartjänare och kör. Det blev nödvändigt att sammanställa böcker som också innehöll dessa delar, och processen hade börjat så tidigt som på 500-talet i sakramentarierna, vilka uppvisar tidiga steg i denna utveckling. På 800-talet var 'helgonens dagliga mässor' ofta försedda med epistlarna, evangelierna och körens delar. På 900-talet gjordes de första försöken att sammanställa vad som kallas det fullständiga missalet, *Missale plenarium*, vilket återger mässans alla texter.

Nödvändigheten av ett allomfattande fullständigt missale underströks särskilt av behovet i Rom under påven Innocentius III av en bok som kunde användas av medlemmarna i den romerska kurian, vilka hade kommit att behöva resa ofta och långväga i utövandet av sina plikter. Det sammanställdes under namnet *Missale Secundum Consuetudinem Romanae Curiae*, och det spreds överallt med den romerska ritens slutliga triumf. Detta åstadkoms till icke ringa del tack vare den nybildade franciskanerorden, vilken tog detta missale med sig överallt under sin snabba tillväxt och så småningom även till den nya världen. Från och med 1200-talet hör man inte längre talas om sakramentarier.

Lågmässan kom sedan att påverka högmässan. Ursprungligen läste eller sjöng celebranten sina delar och lyssnade, precis som alla andra, på de andra delarna - läsningarna, graduale osv. Prästen blev genom lågmässan dock van vid att själv läsa dessa och andra delar i stället för altartjänare och kör, varför han också började läsa dem vid högmässan. Sålunda har vi dagens bruk, där prästen med låg röst vid altaret också läser det som sjungs av altartjänarna och kören.[18]

Medeltida bruk

Även om den romerska riten segerrikt spred sig, var dess firande ingalunda helt enhetligt. Uppkomsten av lokala variationer, eller "bruk", såsom Sarumriten i England, hade växt fram under Medeltiden. [Skandinaviska exempel är *Missale Lundense* i Lund och *Missale Upsaliense* i Uppsala]. Variationer existerade inte bara från land till land, utan även från stift till stift. Studerar man medeltida missalen så upptäcker man att praktiskt taget varje katedral hade sina liturgiska egenheter; detsamma gällde många ordnar såsom dominikanerna, karmeliterna och kartusianerna. Dessa utgjorde endast variationer av den romerska riten och skall inte förväxlas med de mozarabiska och ambrosiska riterna, som skall betraktas som egna särskilda riter. Fader Fortescue förklarar:

"I allt av någon som helst vikt, var Sarumriten (och alla andra medeltida riter) helt enkelt romersk, den rit som vi fortfarande använder. Inte endast var ordningen och arrangemanget desamma, alla viktiga böner var också samma.

---

[18] TM, s. 185-190.

Det essentiella elementet, kanon, var ord för ord identiskt med vårt. Ingen medeltida biskop dristade sig röra den heliga eukaristiska bönen".[19]

Boktryckarkonstens betydelse

Den enda viktiga utvecklingen i den romerska ritens historia mellan Innocentius III på 1200-talet och utgivningen av S:t Pius V:s missale år 1570 var uppkomsten av det tryckta missalet. Uppkomsten av boktryckarkonsten markerar ett avgörande steg i den liturgiska standardiseringen, både vad gäller det romerska missalet och andra såsom Sarumriten. Det sista Sarum-missalet som trycktes i England utgavs i London 1557, Maria I av Englands näst sista regeringsår. Den första tryckta utgåvan av det romerska missalet gavs ut i Milano 1474 och kan fortfarande betraktas där i det ambrosianska biblioteket. Den är känd som *Missale Romanum Mediolani.* Vad gäller ordinarium, kanon, proprium och mycket annat, är den identisk med S:t Pius V:s missale av år 1570.

Före boktryckarkonstens uppkomst i Europa på 1400-talet hade varje missale, Bibel, pontifikale, graduale, antifonale eller tidegärdsbok mödosamt skrivits för hand med stor konstnärlig skönhet, vanligen av munkar. Varje kloster hade sitt eget *scriptorium.* Dessa ofta okända munkars illuminerade manuskript utgör några av konsthistoriens största mästerverk. De protestantiska reformatorernas förstörelse av oräkneliga exemplar av dessa ovärderliga och oersättliga

---

[19] TM, s. 204-205.

skatter utgör ett brott mot civilisationen såväl som mot religionen, vilket är mindre känt men icke mindre skändligt än förstörelsen eller vandaliseringen av de kyrkor, kloster och katedraler i vilka liturgin, så utsökt återgiven i dessa manuskript, firades. Reformationens ödeläggelse av det engelska och walesiska folkets kulturarv har kärnfullt sammanfattats av professor J. J. Scarisbrick i hans bok *The Reformation and the English People:*

"Åren mellan 1536 och 1553 bevittnade en förstörelse och utplundring i England av vackra, heliga och oersättliga ting i en vare sig förr eller senare skådad skala... Mot slutet var tusentals altare borta, oräkneliga glasmålade kyrkfönster, statyer och väggmålningar försvunna, talrika bibliotek och körer hade upplösts. Tusentals kalkar, oblatskrin, kors och andra ting hade stulits eller vanställts (krossade, förmodligen för enklare transport) och blivit nedsmälta, och oräkneliga värdefulla liturgiska plagg hade antingen plockats rena eller beslagtagits."[20]

Påven S:t Pius V:s reform

S:t Pius V:s missale sammanställdes och utgavs år 1570 i enlighet med konciliefädernas vilja vid Trient. Detta är det missale som används idag varje gång den romerska ritens traditionella mässa, populärt kallad den tridentinska mässan, celebreras istället för påven Paulus VI:s mässa i 1970 års missale. Det är påven Johannes Paulus II:s uttryckliga vilja

---

[20] J.J. Scarisbrick, *The Reformation and the English People* (Oxford: Basil Blackwell, 1984), s. 85 & 87.

att den traditionella mässan skall göras tillgänglig närhelst de troende utrycker en verklig önskan om den.[21]

Intentionerna hos konciliefäderna i Trient uttrycks väl av fader Fortescue:

"De protestantiska reformatorerna vanställde naturligtvis fullständigt den gamla liturgin. Denna utgjorde på det hela ett uttryck för just de idéer (realpresensen, det eukaristiska offret etc.) de avvisade. De ersatte den således med nya gemenskapsgudstjänster som uttryckte deras principer, men som naturligtvis bröt fullständigt med all historisk liturgisk utveckling. Konciliet i Trient (1545-1563) önskade i motsats till dessa nya gudstjänsters anarki, att den romerska mässan skulle firas på samma sätt överallt. De medeltida lokala bruken hade funnits länge nog. De hade kommit att bli vildvuxna och orediga, och deras variation orsakade förvirring."[22]

Trientkonciliets första prioritet var att kodifiera katolsk eukaristisk lära. Konciliet gjorde detta mycket ingående och med tydliga och inspirerade termer. Anateman förklarades över dem som förnekade denna lära och konciliefäderna insisterade på att deras undervisning angående eukaristin måste förbli oförändrad till domedagen:

"Sålunda förkunnar detta koncilium den sanna och autentiska läran om detta ärevördiga och gudomliga eukaristiska

---

[21] Brev från Kardinal Augustin Mayer, O.S.B., ordförande för Ecclesia Dei-kommissionen, till biskoparna i de Förenta Staterna, 20 mars 1991.

[22] TM, s. 205-206.

sakrament, den lära som den katolska kyrkan alltid har förkunnat och kommer att förkunna till den yttersta tiden, såsom hon mottog den från vår Herre Kristus själv, från Hans apostlar och från den helige Ande, som fortsätter att upplysa hennes sinne med sanningen. Konciliet förbjuder alla kristtroende hädanefter att tro, undervisa eller förkunna något om den heliga eukaristin som skiljer sig från det som förklaras och definieras i detta dekret."[23]

I sin artonde session tillsatte konciliet en kommission med uppgift att undersöka missalet, att revidera och återställa det "efter de heliga fädernas bruk och rit". Fader Fortescue anser att kommissionärerna tillsatta att revidera missalet "utförde sin uppgift mycket väl":

"Deras mål var inte att skapa ett nytt missale, utan att återställa det redan befintliga 'efter de heliga fädernas bruk och rit', och de använde i detta syfte de bästa manuskripten och andra dokument."[24]

Han omnämner särskilt den liturgiska kontinuitet som karaktäriserade det "nya" missalet. Missalet utfärdat av S:t Pius V är inte bara påvens personliga dekret utan en handling från Trientkonciliet, fastän konciliet förklarades avslutat den 4 december 1563, innan kommissionen hade slutfört sin uppgift. Ärendet hänsköts till påven Pius IV, men han avled innan arbetet var avslutat, så det blev hans efterträdare, S:t Pius V, som promulgerade missalet med bullan *Quo*

---

²³ H. Denzinger, *Enchiridion Symbolorum* (Editio 31), 873a.
²⁴ TM, s. 206.

Primum Tempore, den 14 juli 1570. Då missalet beordrades av Trientkonciliet är dess officiella titel *Missale Romanum ex decreto sacrosancti Concilii Tridentini restitutum* - "Det romerska missalet, återställt enligt det heliga Trientkonciliets dekret". Detta var första gången i kyrkans 1570-åriga historia som ett koncilium eller en påve hade använt sig av lagstiftning för att specificera och införa en fullständig mässrit.

Inte en ny mässa

Det kan inte nog betonas att S:t Pius V inte promulgerade en ny mässordning (*Novus Ordo Missae)!* Blotta tanken på att komponera en ny mässa var och är helt främmande för hela katolicismens anda såväl i öst som i väst. Den katolska traditionen har varit att hålla fast vid det som har gått i arv och att betrakta alla nymodigheter med största misstänksamhet. Kardinal Gasquet noterade att varje katolik måste känna en personlig kärlek till dessa heliga riter, när de uppenbarar sig för honom med all sin månghundraåriga auktoritet:

"Varje okänslig hantering av sådana former måste vara ytterst smärtsam för dem som känner och använder dem. Ty de kommer till dem från Gud genom Kristus och genom Kyrkan. Men de skulle inte ha en sådan attraktionskraft, vore de inte också helgade av fromheten hos så många generationer som har bett med samma ord och i dem funnit styrka i glädje och tröst i sorg."[25]

---

[25] Gasquet & Bishop, op. cit., s. 183.

Det som kännetecknade S:t Pius V:s reform var - liksom S:t Gregorius den stores reform - respekt för traditionen; det var aldrig fråga om någon "okänslig hantering" av det traderade stoffet. Dom David Knowles O.S.B., Storbritanniens mest framstående katolske historiker fram till sin död 1974, poängterade i en insändare till *The Tablet* den 24 juli 1971:

"1570 års missale var mycket riktigt resultatet av Trientkonciliets instruktioner, men faktum är att ordinarium, kanon, proprium och mycket annat kopierades från 1474 års missale, som i sin tur i allt väsentligt upprepade den romerska kyrkans praxis på påven Innocentius III:s tid (1198-1216), vilken i sin tur härrör från Gregorius den stores och hans efterträdares bruk på 600-talet. Kort sagt var 1570 års missale, i allt väsentligt, det medeltida Europas gängse liturgiska bruk inklusive England och alla dess riter."

Fader Fortescue kunde år 1912 med glädje skriva:

"Pius V:s missale är det vi fortfarande använder. Senare revideringar är av ringa betydelse. Säkerligen kan man i varje reform finna något som man skulle ha föredragit att lämna orört. Ändå måste en rättvis och rimlig kritik erkänna att Pius V:s restaurering på det hela taget var synnerligen tillfredsställande. Kommissionens norm var ålder. De avskaffade sent tillkomna utsmyckningar och föredrog enkelhet, men utan att förstöra alla de pittoreska inslag som ger poetisk skönhet till den strama romerska mässan. De uteslöt en lång rad sekvenser som tyngde mässan, men behöll dem som utan tvekan är de fem bästa; de reducerade processionerna och de övertyngda ceremonierna, men behöll ändå de verkligt pregnanta ceremonierna, ljusen, askan, palmbladen och den stilla veckans vackra riter. Vi i väst kan sannerligen glädja oss åt att vi har den romerska riten enligt Pius V:s missale."[26]

Det romerska missalets ärevördiga ålder och skönhet

Den romerska mässans ärevördiga ålder är en punkt som måste betonas. Det finns vad fader Fortescue kallar "en förutfattad mening om att allt österländskt måste vara gammalt". Det är felaktigt, det finns ingen nu existerade österländsk liturgi med en historia av oavbrutet bruk som sträcker sig lika långt tillbaka som den romerska mässans.[27] Detta gäller i synnerhet den traditionella romerska kanonbönen. Dom Cabrol, O.S.B., den moderna liturgirörelsens "fader", framhåller:

"Kanonbönerna i vår romerska rit, vilka i huvudsak utarbetades på 300-talet, är det äldsta och mest ärevördiga exemplet av alla de eukaristiska böner som är i bruk idag."[28]

Fader Louis Bouyer, en av ledarna för den liturgiska rörelsen före det andra Vatikankonciliet (1962-1965), betonade också det faktum att den romerska kanon är äldre än någon annan antik eukaristisk bön:

"Den romerska kanon, såsom den är idag, går tillbaka till S:t Gregorius den store. Varken i öst eller i väst finns det nå-

---

[26] TM, s. 208.

[27] TM, s. 213n.

[28] Introduktionen till Cabrols utgåva av det romerska missalet.

gon eukaristisk bön kvar i bruk idag som stolt kan uppvisa en sådan ålderdomlighet. Att kasta den överbord vore för den romerska kyrkan liktydigt med, inte bara i de ortodoxas ögon, utan även för anglikanerna och även de protestanter som fortfarande till viss del har en känsla för tradition, ett upphörande av alla fortsatta anspråk på att vara den sanna katolska kyrkan."[29]

Det är knappast möjligt att överbetona vikten av det romerska missalet från någon utgångspunkt. Dr. Anton Baumstark (1872-1948), 1900-talets kanske störste liturgiforskare, uttryckte detta väl när han skrev att varje liturgideltagare "känner att han befinner sig vid den punkt som sammanlänkar de som före honom, alltsedan kristendomens allra tidigaste dagar, har bett och framburit offer med dem som i framtiden kommer att be samma böner och frambära samma offer, långt efter att de sista fragmenten av hans jordiska kvarlevor har blivit till stoft."[30]

De som betänker mässans mystiska natur kommer att undra hur människan djärvs fira den, hur en präst vågar yttra instiftelseorden som förnyar offret på kalvarieberget, hur även den mest helgonlike lekman dristar sätta sin fot i under det tak där den firas. *Terribilis est locus iste: hic domus Dei est, et porta coeli; et vocabitur aula Dei.* (Fruktansvärd är denna

---

[29] Citerad i Ottaviani et al., *The Ottaviani Intervention: Short Critical Study of the New Order of Mass* (1969), F. Anthony Cekada, övers. (Rockford, Illinois: TAN, 1992), s. 57, n.1.

[30] Citerad i T. Klauser, *A Shorter History of the Western Liturgy* (Oxford, 1952), s. 18.

plats, här är Guds hus och himmelens port, och den skall kallas Guds gård.)[31]

Det är naturligt att kyrkan, förvaltaren av dessa heliga mysterier, klär dem i så högtidliga och vackra riter och ceremonier som möjligt. Det är likaledes naturligt att den bok som beskriver dessa riter tillägnar sig något av den beundran och vördnad som de heliga riterna själva framkallar. Denna vördnad för det traditionella missalet beskrivs av dom Cabrol:

"Missalet, som direkt rör mässan och den heliga eukaristin, som är huvudsakramentet, har den största rätten till vår vördnad, och med den pontifikalet och ritualet, så dessa tre i den tidiga kyrkan utgjorde en enda volym, vilket vi såg när vi talade om sakramentariet. Kyrkan själv tycks genom sina handlingar lära oss något om den vördnad som tillkommer missalet. Vid högmässan bärs det av diakonen i procession för att dagens evangelium skall läsas från det. Han incenserar det som en vördnadsbetygelse, och prästen kysser det då det innehåller Guds ord.

På medeltiden smyckades det med allsköns konst. Det pryddes med utsökta miniatyrer, med det vackraste av kalligrafi och bands mellan pärmar av elfenben eller t.o.m. silver och guld och besattes av juveler som ett dyrbart relikskrin.

Missalet har kommit till successivt genom århundradenas lopp och alltid vaktats noga av kyrkan så att inga förvillelser

---

[31] Det romerska missalet - kyrkvälsignelse

skulle smyga sig in. Det är en sammanfattning av kyrkans autentiska lära, det avslöjar den verkliga innebörden av det mysterium som sker i mässan och de böner som kyrkan använder."

Dom Cabrol hyllar också missalets ojämförliga skönhet ur en litterär och estetisk synvinkel. Han betonar att detta inte är en fråga om "konst för konstens skull":

"Vi vet att sanning inte kan existera utan skönhet... Skönheten i bönen består i det sanna och uppriktiga uttrycket för djupa känslor. Kyrkan har aldrig ringaktat denna formernas skönhet som följer som en konsekvens av sanning; de stora katedralerna som hon i gångna tider har förskönat med konstens alla underverk bär vittnesmål om detta."

Missalets historiska värde som en levande länk med det kristna Europas tidigaste och formativa rötter är en annan punkt som Dom Cabrol betonar:

"Om dessa bevis för ålderdomlighet endast vore en fråga om arkeologi skulle vi inte kunna gå in närmare på dem här, men de har en annan kolossal betydelse. De bevisar kyrkans beständighet och kontinuiteten i hennes läror. Vi har liv genom vår tradition, men den västerländska kyrkan har aldrig förväxlat trohet till traditionen med antikvarianism; hon lever och växer med tiden ständigt mot sitt mål; missalets liturgi med sina förändringar och sin utveckling genom århundradena är ett bevis på detta, med det bevisar också att kyrkan inte förnekar sitt förflutna; hon besitter en skatt ur vilken hon kan hämta det nya och det gamla, och detta är hemligheten bakom hennes anpassningsförmåga, vilket erkänns även av hennes fiender. Fastän hon genomför vissa reformer, glömmer hon aldrig sin tidigare historia och skyddar vaksamt sina reliker från gångna tider.

Här har vi förklaringen till den växande respekten för liturgi och den stora liturgiska väckelse som vi bevittnar i dessa dagar. Vad vi kan kalla missalets "arkaismer" är uttrycket för våra fäders tro, och det är vår plikt att vaka över den och lämna den vidare till eftervärlden."

I sin bok *This Is The Mass* skriver Henri Daniel-Rops:

"Det förklarades därför i Trientkonciliets katekes att ingen del av missalet skall betraktas som fåfäng eller överflödig; att inte ens den minsta av dess fraser skall anses bristfällig eller obetydlig. De kortaste av dess formuleringar, fraser som inte tar mer än några sekunder att uttala, utgör väsentliga delar av en helhet i vilken Guds gåvor, Kristi offer och nådegåvor sammanförs och läggs fram. Hela detta begrepp har i åtanke en sorts andlig symfoni där alla teman uttrycks, utvecklas och förenas under ledning av ett syfte."[32]

Den romerska liturgins skönhet, värde och perfektion, så universellt erkänd och beundrad, beskrevs av fader Faber som "det skönaste ting denna sidan om himmelen". Han fortsätter:

---

[32] H. Daniel Rops, *This Is the Mass* (New York: Hawthorn Books, 1958), s. 34.

"Den sprang fram ur kyrkans väldiga ande och lyfte oss ur jorden och ur jaget och svepte in oss i ett moln av mystisk sötma och det sublima i en mer än änglalik liturgi och renade oss nästan utan oss själva och förtrollade oss med himmelsk förtrollning, så att själva våra sinnen tycks få syn, hörsel, doft, smak och beröring bortom vad jorden kan erbjuda."[33]

Revideringar efter 1570

Det har skett revideringar sedan S:t Pius V:s reform, men fram till de förändringar som följde på det andra Vatikankonciliet var dessa aldrig av någon betydelse. Några fall som idag kallas "reformer" handlade huvudsakligen om att återställa missalet till den form som kodifierats av S:t Pius V, då, främst p.g.a. boktryckarnas slarv, avvikelser hade börjat dyka upp. Detta gäller särskilt de "reformer" som påven Clemens VIII genomförde med skrivelsen *Cum sanctissimum* den 7 juli 1604 och Urban VIII med skrivelsen *Si quid est* den 2 september 1634. Dessa två påvars "reformer" har använts som prejudikat för påven Paulus VI:s reformer, men det räcker med en snabb översikt av dessa påvars skrivelser för att se hur fullständigt meningslös en sådan jämförelse är.[34]

---

[33] Citerad i N. Gihr, *The Holy Sacrifice of the Mass* (St. Louis: B. Herder, 1908), s. 337.

[34] Dessa två påvliga skrivelser tillsammans med bullan *Quo Primum* återges i sin helhet i Michael Davies' bok *Pope Paul's New Mass* (Angelus Press, 2818 Tracy Avenue, Kansas City, Missouri 64019, 1980).

S:t Pius X reviderade inte texten, utan musiken. 1906 års vatikanska graduale innehåller nya, eller snarare restaurerade, liturgiska sånger sjungna av celebranten, således medtagna i missalet. 1955 auktoriserade Pius XII en revidering av rubrikerna, främst vad gäller kalendern. 1951 återställde han påsknattens vigilia från påskaftons morgon till kväll, och den 16 november 1955 godkände han dekretet *Maxima redemptionis*, som reformerade den stilla veckans ceremonier. Dessa reformer var välkomna och har lovordats av somliga traditionalister, som obevekligt motsätter sig påven Paulus VI:s reformer.

Påven Johannes XXIII genomförde också en omfattande revidering av rubrikerna, vilken promulgerades den 25 juli 1960 och trädde i kraft den 1 januari 1961. Återigen berörde detta huvudsakligen kalendern. Inga av dessa reformer innebar någon väsentlig förändring av mässordinariet. Det är således ovetenskapligt, ja, oärligt att försöka avfärda traditionalisternas kritik av den nya mässan [*Novus Ordo Missae*, påven Paulus VI:s mässa] genom att hänvisa till revideringar i missalet genomförda av de ovan nämna påvarna.

Men den obrutna tradition som var förhärskande i både öst och väst i över 1600 år, enligt vilken den eukaristiska liturgin aldrig skall utsättas för radikala reformer - även om den kan växa organiskt genom tillägg av böner och ceremonier - bröts år 1970 när påven Paulus VI:s nyproducerade missale gavs ut, sedan den nya mässordningen publicerats 1969.

Vårt uråldriga liturgiska arv

Vad gäller den traditionella mässan, den "tridentinska" mässan, avslutar fader Fortescue:

"Sedan konciliet i Trient är mässans historia inget annat än komposition och godkännande av nya mässor. Schemat och alla de fundamentala delarna förblir desamma. Ingen har tänkt tanken att röra den romerska mässans ärevördiga liturgi, förutom att lägga till nya proprier."[35]

Hans avslutande bedömning av S:t Pius V:s missale manar till djupare reflektion:

"Ändock, de nya mässorna har inte absorberat hela kyrkoåret. Flera är de dagar då vi ännu läser mässan som har lästs i århundraden ända sedan tiden för de gelasianska och leoninska böckerna. Och när de dagarna infaller, påverkar de nya mässorna endast propriet. Vår kanon är orörd, likaså hela mässans struktur. Vårt missale är fortfarande detsamma som Pius V:s. Vi kan vara mycket tacksamma för att hans kommission var så noggrann med att bevara eller restaurera den gamla romerska traditionen. I huvudsak är Pius V:s missale det gregorianska sakramentariet, som i sin tur är hämtat från den gelasianska boken, som är beroende av den leoninska skriftsamlingen. Vi finner våra kanonböner i *De Sacramentis* och anspelningar på dem på 300-talet. Så vår mässa går tillbaka, utan väsentlig förändring, till den tidsålder då den växte fram ur den allra äldsta liturgin. Den andas fortfarande denna gamla liturgi, från den tid då kejsaren

---

[35] TM, s. 211.

härskade över världen och trodde sig kunna utrota tron på
Kristus, när våra fäder träffades strax före gryningen och
sjöng en hymn till Kristus som till en Gud. Slutsatsen av vår
undersökning är att det - trots obesvarade frågor, trots sena-
re förändringar - i kristenheten inte finns en annan rit lika
vördnadsvärd som vår."[36]

Msgr. Klaus Gamber, en av 1900-talets största liturgister,
ställer i sin bok *The Reform of the Roman Liturgy* en mycket
relevant fråga beträffande motivet till den reform som följde
på det andra Vatikankonciliet, men som inte på något sätt
fick sitt mandat från detta koncilium:

"Gjordes verkligen allt detta på grund av en pastoral omtan-
ke om de troendes själar eller utgjorde detta i själva verket
inte en radikal brytning med den traditionella riten för att
förhindra framtida bruk av traditionella liturgiska texter för
att således omöjliggöra firandet av 'den tridentinska mäs-
san', eftersom denna inte längre ansågs återspegla den nya
anda som genomträngde kyrkan?"[37]

Den tridentinska mässan är inte bara det "skönaste ting
denna sidan om himmelen", utan mässan som - Gud vare
lov och pris - vägrar att dö. Precis som de troende i Milano
vägrade att låta den ambrosianska mässan ersättas med den
romerska, så har den romerska mässans trogna vägrat att
överge mässan som fortfarande genomsyras av "denna gam-

---

[36] TM, s. 213.

[37] K. Gamber, *The Reform of the Roman Liturgy* (Roman Catholic
Books, P.O. Box 255, Harrison, New York 10528, 1993), p. 100.

la liturgi, från den tid då kejsaren härskade över världen och trodde sig kunna utrota tron på Kristus, när våra fäder träffades strax före gryningen och sjöng en hymn till Kristus som till en Gud". Dess förnyade firande sprids över världen för varje dag som går, och varje år prästvigs fler och fler unga män som är fast beslutna att fira mässan endast enligt S:t Pius V:s missale, vilken med lika stor säkerhet kommer att bli våra barns mässa som den var våra fäders mässa.

Kyrkobön på S:t Pius V:s festdag

O Gud, som för att övervinna Din kyrkas fiender och för att återställa skönheten i tillbedjan av Dig har värdigats utvälja den salige Pius som påve; förläna oss nådeligen att vi må så hålla oss till Din tjänst, så att vi övervinner våra fienders alla snaror och må fröjdas i Din eviga frid. Genom Jesus Kristus Din Son, vår Herre. Amen.

Översättning av Marcus Urbanski från det engelska originalet *A Short History of the Roman Mass*, TAN Books, Saint Benedict Press, LLC. ISBN: 9780895555465

Översättarens anmärkning: För citat ur det nya testamentet används *Vår Herres Jesu Kristi Nya Testamente, från Vulgatan öfversatt af J. P. E. Benelius* (Stockholm, 1895).

Om författaren: Michael Davies (1936-2004), var en konvertit från anglikanismen och en katolsk skriftställare, föredragshållare och opinionsbildare som efter det andra Vatikankonciliet gjorde sig känd som en outtröttlig förespråkare och apologet för traditionell katolsk lära och den traditionella romerska ritens fortlevnad. Han ledde föreningen *Una*

Voce i detta syfte. Davies var en beundrare av den franske ärkebiskopen Marcel Lefebvre, grundaren av det traditionalistiska prästbrödraskapet S:t Pius X (SSPX). Davies var kritisk till dennes vigningar av fyra biskopar 1988 mot påven Johannes Paulus II uttryckliga vilja, men förblev en vän till ärkebiskopen. Bland Davies' böcker kan nämnas *The Liturgical Revolution*, *The Order of Melchisedech*, *Partisans of Error*, *For Altar and Throne* och *The Wisdom of Adrian Fortescue*. När nyheten om Davies bortgång nådde Rom skrev en kardinal:

"Jag har berörts å det djupaste av nyheten om Michael Davies död. Jag hade den goda lyckan att träffa honom flera gånger och jag uppfattade honom som en man med djup tro och villig att omfamna lidande. Alltsedan konciliet lade han ner all sin energi i trons tjänst och efterlämnade viktiga publikationer, i synnerhet angående den heliga liturgin. Även om han under sin tid på många sätt utsattes för lidande i kyrkan, förblev han en sannskyldig kyrkans man. Han visste att Herren grundade sin kyrka på aposteln Petri klippa och att tron har sin fullhet och mognad endast i förening med aposteln Petri efterträdare. Vi kan därför vara fulla av förtröstan på att Herren öppnade upp himmelrikets portar på vid gavel för honom. Vi anbefaller hans själ till Herrens barmhärtighet. Kardinal Joseph Ratzinger, 9 november 2004."